学童保育指導員の仕事
あそびのハンドブック

学童保育あそび隊【編著】

いかだ社

はじめに
この本の成り立ち

この本は、初めて学童保育指導員の仕事に就いたときや、
悩んだときのヒントになるようにと願ってまとめたものです。
"あそび"を切り口にしています。
学童保育の仕事は幅広いものですが、
その中で"あそび"にスポットを当てたのは
次の三つの理由からです。

1 "あそび"は学童保育の生活の要(かなめ)だから

子どもたちの充実した日々や仲間関係、成長・発達はあそびを通じて大きく育まれます。それゆえ指導員にはあそびに対する理解や技能が求められます。本書で紹介するのは、レクリエーションや体験活動としてのあそびではありません。あそびの種類を探るのではなく、学童保育指導員の仕事として"あそび"を考えます。

どうもナビゲーターの宮川です
指導員歴30年

ナビもあそび心が大事

というわけでこんな格好してみました
人呼んで"みや仙人"!

●学童保育は、保護者が昼間家庭にいない子どもに「適切な遊び及び生活の場を与えて、その健全な育成を図る事業」と児童福祉法に定められています。

●2015年4月より実施の新制度に伴い、学童保育指導員は"放課後児童支援員"とされましたが、本書では学童保育指導員で統一しています。

2 "あそび"で悩む指導員が多いから

あそびで悩む指導員が大勢います。「あそびに入れない」「あそびが苦手な子が多い」「あそびが成立しない」「勝ち負けへのこだわりが強い」「あそぶ時間・場所がない」「指導員は子どものあそびにどう関わったらよいのか」「指導員間で考え方がすれ違う」など、挙げればきりがありません。

このような悩みを正面にすえて、実践のヒントを得る本として編集しました。

3 "あそび"は生きる上で大事だから

あそびは元来、人間にとって大事な役割を果たしてきました。生きる術を身につけ、人間関係を育み、人生を豊かに送る…。"あそべない子が多い"とよく言われます。しかし"あそびを必要としない子"がいるでしょうか？ その子がいろいろなことを楽しめ、他の子と共にあそび、共に育つには？——指導員の腕の見せどころです。

指導員の皆さん、あなたの"あそび心"をふくらませてください！
子どもがニンマリ顔を見せてくれたとき、大きな喜びと
深く安心できる関係がその子とあなたとの間に生まれることでしょう。

もくじ

はじめに　**この本の成り立ち**　2

Ⅰ　あそびは子どもの天分
指導員の心得　6
- 指導員の心得1　心の動き・体のようすを見る………8
- 指導員の心得2　場所・空間・モノがあそびを誘う………12
- 指導員の心得3　子どもの世界に生きろ！………14

Ⅱ　あそびにスポット
指導員の仕事の裏側見せます　16
- 保育計画を立てる………18
- チームワーク・指導員会議………20
- 学び続ける………24
- 保護者とあそびの大事さを共感………28

Ⅲ　あそびの成立過程
"仲間あつめ"から"ふり返り"まで　30
- 第1関門　仲間あつめ………32
- 第2関門　あそびの導入………34
- 第3関門　チーム分け………36
- 第4関門　あそびの"実況中継"………38
- 第5関門　トラブル・ハプニングは避けるべき？………40
- 第6関門　作戦会議のすすめ………42
- 第7関門　ルールの変更ってアリ？………44
- 第8関門　あそび（時間）の終わり方………46
- 第9関門　ふり返り──明日もまたやろうね………48
- その他　保護者・学校・地域と共に………50

Ⅳ　こんなときどうする？　52

　いつも一人でいる子がいたら………54
　子ども同士であそんでいるとき………56
　大規模集団でのあそびを考える………60
　高学年まで一緒にあそぶには………62
　禁止は禁止？………64

Ⅴ　さぁ、あそんでみよう！　66

　あそびの種類いっぱい………68
　やってみよう①　バッカン………70
　やってみよう②　おにごっこ………72
　ごっこあそびを取り入れよう………74
　絵本を読む………76

おわりに　**指導員トーク**　78

I　あそびは子どもの天分

あそびについてまず指導員に求められる
"心得"を考えてみましょう。
心得と聞くと何だか偉そうですが、
子どもたちとのあそびに悩み
ときに困っている指導員たちに"心"を寄せ
あそびでの喜びを共に"得"るための要素です。

三つの心得

心得1　心の動き・体のようすを見る　p8

　あそびで大事なのは何といっても目の前にいる子どもたちを知ること（理解）、まなざしを寄せること（受容・共感）です。そして、思いきりあそぶための安全対策も指導員に欠かせない仕事です。

心得2　場所・空間・モノがあそびを誘う　p12

　施設や場所、自然や空間も、あそびの内容に深く関わります。環境の整備・確保もあそびの視野に入れましょう。

心得3　子どもの世界に生きろ！　p14

　子どもの世界を一緒に楽しむためには、自分の中にある"子ども心・あそび心"を絶えず湧きたたせることです。

　　子どもたちとあそびを楽しむ、そのために求められる
　　　"指導員の心得"。その扉を開きましょう。

指導員の心得1

心の動き・体のようすを見る

指導員から「好きにあそんでいいよ」と言われても、みんながあそべるわけではありません。かと言ってあそびはプログラムにのせていくものでもありません。まして押し付けではダメです。あそびに向きあう基本姿勢の第一は、子どもの心の動き（不安・躍動など）をとらえ、共感的に関わるということです。

1 心の動きはいかに？

土台は安心感

あそびはワクワクする気持ちが何よりも大事。それにはまず安心感（いつもの場所、わかりあえる相手がいるなど）が必要です。不安を抱えたままではあそぶ気も起きませんね。安心を土台に、一生懸命になり、ケンカもし、うちとけ、心が通いあう。その過程で互いをわかり一緒にすごす仲間を実感します。あそびは子どもにとって、生きていく根っこを太らせ続ける営みなのです。

表情をよ〜く見て

あそびの最中にようすが変だなと感じたら要チェック。何が理由なのか指導員は常にアンテナを張って考えましょう。本人や周りの子にはその場で声をかけるか、後でゆっくり話を聞いた方がよいこともあります。気になることは子どもと一緒に乗り越えていきましょう。

指導員はロールモデル

指導員が子どもと一緒にあそぶのには大きな意味があります。指導員は常に子どもたちのロールモデル（模範・お手本）。子どもはあそびの中でも指導員の話し方や動き、他の子への接し方を見ています。そうして立ち居ふるまい方や仲間との関わり方を身につけていくのです。人は一緒にいる人に似るとよく言いますよね。口で伝えることよりも、やってみせていることの方が伝わる力は大きいでしょう。それをしっかり意識しておきましょう。

腰を入れて取り組もう
ビビリは見抜かれる

「自分が入っても盛り上がらないかも」と不安な指導員も少なくないはず。しかしビビリは見抜かれますし、子どもの不安を誘うことも。まずは子どもたちの輪に入りましょう。大丈夫！　あそび仲間になれますから。

2 体のようすはどう？

基本姿勢の第二は子どもの体に注目します。

安全確保と体調管理

学童保育には子どもの"いのち""安全"を守る責任があります。子どもの安全は、外側（＝他者から守られる）と内側（＝子ども自らが守る）の両方から守っていく必要があります。指導員は、あそび場やあそびの内容によって、絶えず事故やケガを想定し、安全確保に努めましょう。現場で求められる知識、視点、スキルは着実に身につけて！

事故やケガの防止と対応

学童保育における事故やケガの防止・対応については、基本的な知識を必ず取得してください。その上で自分の学童保育で起こりうる事態を想定してマニュアルの作成を。また、マニュアルの理解、シミュレーション、対応の練習を定期的に行いましょう。事故が発生した場合は速やかに適切な対応を。

事故・ケガの対応〜いくつかのポイント
○子どもの状況の把握・応急処置を。
　ケガが重症か軽症かを確認し、必要があれば医療機関へ。
○負傷した（被害に遭った）子の保護者へ連絡。
　重症でなくても学童保育で把握している事故・ケガの状況を正確かつ詳細に伝える。その後は丁寧な話しあいを。
○事故の概要を速やかに指導員全員で共有する。
○運営主体等に連絡を入れる。「いつ」「どこで」「何があったか」「今のようになっているか」を正確かつ簡潔に伝える。
○事故記録簿の作成と総括。
　記録は事実に即し、具体的に客観的な記述を。恣意的な表現にならないよう注意する。事故が起こった原因、対応について総括し、その後の保育実践にどう生かすかまで考える。

※1　子どもの体調管理についても学習し、マニュアルの作成、適切な対応が必要です。
※2　子どもの顔色や体調には常に気をつけましょう。気候の変化や学校・家庭等でのようす、友だち関係の影響があることも理解しておきましょう。

体を守る・体をつくる

次に"内側の力"です。「安全確保＝禁止やむなし→管理強化」となりがちですが、それでよいのでしょうか。身の安全を守る上では、"本人の力"を高めることも必要です。学童保育に登所している間だけ安全に過ごせればいいわけではありません。小学生の時期は体も大きく成長します。この時期に日常的なあそびを通して、よりしなやかでたくましい体づくり、状況判断の力、ケガの対処法などを養っていきたいものです。

子どもたちは楽しいことに興味津々。「ちょっと危ないこともやってみたい」「木登りした～い」と子どもたちが言ってきたら…。危ないから禁止？

木登りは魅力的。体験させたいし、登れる力もつけてほしいところです。安全性を確保するにはどうしたらいいでしょうか。まず指導員が枝ぶりや木の状態を見て、登れそうかどうか判断が求められます。そして子どもがどのくらい登る力をもっているか。一人でスルスル登れる子か、登り方を指導すれば可能な子か、危なっかしいのでもう少し大きくなってからねと制限するか。そもそも自分自身に指導する力はあるのか。判断の問われる場面です。

豊かな体験が保障される中で、子どもたちは成長・発達の機会を得ますが、そこには指導員の力量も求められます。子どもも指導員も"身を守りながらあそぶ力"をだんだんとつけていきたいものです。とはいえ無理や無茶は禁物。冷静な判断を心がけましょう。

指導員は、子どもたち一人ひとりの身のこなし、判断力をしっかり見ましょう。その上で子ども集団の活動をどうすすめるかです。危険箇所や安全対策についても、日常的に子どもたちと確認しましょう。子どもたち自身が自分や仲間を守り、楽しくあそべる力をつけていけるようにしましょう。

指導員の心得 2

場所・空間・モノが あそびを誘う

砂と水があれば川をつくり、広くて安心な場所があれば誰かと一緒に走り回りたくなる。あそびの始まりや広がりには、そのときにある（使える）場所や空間、モノが大きく影響します。

竹内常一*先生は次のように述べています。「施設のいかんによって子どもの自主的活動の範囲と形態が違ってくると思う」「学童保育は保育施設を中心にして地域をまるごと保育環境にするもの／地域を子どもの『生活世界』とするもの／地域をこどもの『心のふるさと』にかえるもの」であってほしいと。（「学童保育と子どもの生活世界」日本学童保育学会紀要『学童保育』創刊にあたって）

*たけうちつねかず：國學院大學名誉教授。日本学童保育学会理事。

場所や空間であそびの内容が変わる

運動場のような広い場所であそぶなら、サッカーやドッジボール、一輪車、おにごっこなどが思い浮かびます。狭い場所や限られたスペースなら、ごっこあそびや読書、工作など自分たちの世界でイメージを広げるあそびが始まりそうです。

そのときの自分が満たされる場所があると安心し、「○○しよう」という気になります。逆にそれがないと不安やストレスの元に。場所や空間は気持ちに大きく影響し、あそびを選ぶ物理的条件にもなります。自分の学童保育に引き寄せて、安心感やあそび心をくすぐる場所・空間について考えましょう。

狭い空間、区切られた空間づくりも

子どもたちは狭い場所も大好きです。落ち着くし、ワクワクするんですね。大人には見えない（と子どもが感じる）秘密の場所、子どもだけ・自分たちだけの世界（空間）も保障するため、部屋を棚やカーテンで区切るなどの工夫を考えてみましょう。

発達と共に活動要求が変わり、活動範囲が広がる

子どもがあそびたい場所は発達・年齢と共に広がっていきます。低学年は大人に見守られている安心感の中であそびたい、頑張りたい時期です。中学年頃（9・10歳）は発達の節目と言われる時期で、同年代の仲間を求め、内面の葛藤も起こります。身体技能がいっそう高まり、基地づくりや探検ごっこへの興味も強まります。高学年頃（11・12歳）になると、親友のような関わりを求めだします。友だちとあそぶために、いったん学童に帰ってから出かけることも可能、という生活環境の保障も必要です。決して学童保育がいらなくなったわけではなく、生活やあそびの範囲が発達と共に広くなったのです。ときには学童保育に安心を求

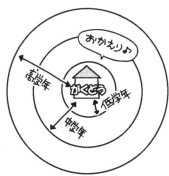

発達と共に行動範囲は広がる。一方、学童保育は安心感のある生活拠点、帰ってくる場所として存在する。

め、小さい子たちとあそび自分の役割を発揮する、ときには友だちとあそびに行くといったさまざまな生活の中で、自己を確立していくのです。

あそびに誘う"モノ"を豊かに

水・土・虫などの自然や紙・段ボールなどの身近な材料があったら。子どもたちは触り、想像をふくらませてあそび始めます。"モノ"を通してあそびの世界に入り、人とつながることができます。かくれんぼなどルールのあるあそびも楽しいですが、モノに誘われるあそびも魅力的です。どうしたら子どもたちに提供できるか考えてみましょう。

指導員の役割

場所・空間・モノを提供するためには、同時に安全点検や用具の整備、材料の準備が必要です。指導員はそのウデも磨きましょう。

また"片付け"も大事です。子どもが片付けられるためには、まず指導員が子どもにわかりやすい整理のしかたを工夫しましょう。片付け＝苦痛とならないように気をつけて！　きれいだと気持ちがいいという"快"の感覚を身につけられるようにしたいですね。

指導員の心得3

子どもの世界に生きろ！

子どもの世界には、子どもなりの"なっとく"や
"決まり"の感覚があります。なかなか賢く、微笑ましい姿です。
一方で大人社会の価値観に押されがちな状況もあります。
身近な大人である指導員は、子どもたちのよき理解者、
守ってくれる人、一緒に楽しめる人でありましょう。

"ごまめ制度"でみんなが楽しく

異年齢集団である学童保育は当然、体力・能力の異なるメンバーであそびます。なので同じルールの下では低学年の子にとって理不尽な結果を招くことも。そこで導入したいのが"ごまめ制度"です。"ごまめ"はカタクチイワシの幼魚の素干し（お正月料理にもありますね）。転じて力の弱い子に与えられる特別ルールの意味です。かくれんぼなら、ごまめの子は例えば鬼になることを免除され楽しくあそべます。ただし、子どものプライドを尊重して"ごまめ"の押し付けはいけません。

トラブル発生！正直じゃんけんで問題解決!?

学童期のあそびは△対□のように対立型のものが多く、トラブルがよく発生します。話しあいは大事ですが、毎回話しあいではつまらないかも。そこでこんな解決方法はいかがでしょうか。

例えば一人の子に10人が「アウト」を宣告したとします。納得できない一人の方は当然「セーフ」を主張するでしょう。そこで「よし、10人と戦おう。"正直じゃんけん"で勝ち抜けばセーフだ！」と投げかけるのです。一人が大勢を打ち負かすことだってあり得ます。

ドキドキの場面です。

"ハンデ"もあるで〜

ごまめと反対に高学年にハンデをつけるパターンもあります。野球なら「高学年は左（利き手と逆）で打とう！」と投げかける方法。指導員が高学年に挑発をしかけ、高学年が素直に挑発に乗ってくれるのがベター。いわゆる"そそのかし"です。高学年にとっても指導員との距離がぐっと近くなる嬉しい出番です。

こんなときは神様にお願い

わが学童に"けん玉神社"なるものが存在している。けん玉教室の取り組み中、なかなか成功できず苦しみながら頑張っている一人の男の子がいた。そんな彼に「惜しかったな！」と共感的な言葉をかける仲間もいたが、「うるさい！そんなん言わんといて！」とけんもほろろ。本人にゆとりはない。そこで私は「けん玉神社があればなぁ〜」と、神だのみでうまくいった自分の経験談を話した。驚いたことにあくる日、高学年を中心にけん玉神社がつくられた。御神体には飾りけん玉、お賽銭はブロック…。手を合わせ、お祈りしている姿が笑える。お供えには願いを書いた文書まで。すると、なぜか進級する。ガハハ！な取り組み。そんな中で心の硬さが柔らかくなっていくのが嬉しい。(みや仙)

仲間の"掟（オキテ）"

こっそり探検に行く前、ルールを確認しあったときのこと。ある女の子が「私らのオキテやで」と一言。"ルール"とは少し違うこの響きに親密さが高まった子どもたちでした。

こんなかけ声が子どもの世界から消えつつある。「この指とまれ」はあそびの組織、"取りあいじゃんけん"や"グッパ"はチーム分け、"ごまめ"は実質的な平等化、"正直じゃんけん"はもめごと解決法などなど。子どもの世界で伝承されてきたやり方は、優しくかつ合理的なアイディアだ。こんな素晴らしい文化をこれからの子どもたちにも引き継がなければ！

Ⅱ あそびにスポット
指導員の仕事の裏側見せます

子どもたちと楽しげにあそぶ指導員。
結構気楽な仕事かも…なんて思ったらとんでもないですよ。
子どもたちが楽しい生活を送り、
豊かに成長していくために、指導員は
いろいろな仕事をしているのです。
この章では、学童保育のあそびの土壌を
豊かにするために、日々めざしたい
指導員の仕事の"裏側"を紹介します。

> 「遊びは、子どもにとって認識や感情、主体性等の諸能力が統合化される他に代えがたい不可欠な活動である」（「放課後児童クラブ運営指針」より）

保育計画を立てる
p18

あそびの保育計画は必要です。子どもが楽しみながら育ちあうあそび活動にしたいですね。

チームワーク・
指導員会議
p20

指導員は"共同"で保育する仕事です。子どもの理解を深め、あそびの内容を職員集団の協力で高めていきましょう。

日々是精進!!

学び続ける
p24

実践への謙虚な姿勢と探究心は、指導員に不可欠な資質です。指導員講座や研修会、職員間での実技交流や事例検討など。日々の学びは子どもや保護者にかえり指導員の働き甲斐の源泉になります。

保護者とあそびの大事さを共感
p28

子どもたちの最も身近で頼もしい理解者・協力者は何といっても保護者です。子どもたちのあそびの中での輝き、苦闘、育ちあいを、保護者の方たちにしっかり伝えましょう。

一番の理解者だもの

保育計画を立てる

学童保育には子どもたちに合わせた
見通しのある保育計画が欠かせません。
学童保育に楽しみや安心感をもてること。
そして、"子どものやりたいという気持ち"を
育むあそびの保育計画を立てましょう。

保育計画って何？

保育計画では、目の前の子どもたちの理解を前提に「子どもたちにこんな経験をしてほしい。こんな力をつけてほしい」という保育目標を立て、そのために指導員はどういった準備・関わりをするか、という実践の計画を立てます。学童保育にはあそびをテーマにした保育計画が欠かせません。

＜保育計画の種類の例＞

・年間計画…1年間の計画
・〇期計画…例えば学期ごとの計画
・月案…1ヶ月の計画
・週案…1週間の計画
・日案…その日の計画

計画は目標に沿って具体的に

【例】第1期（4～5月）の計画
　4月当初の子どもたちのようすを見るとみんなバラバラです。そこで大切にしたいことを含む三つの計画を立てました。

1　少人数でのあそびで関わりづくり
　他の子との関わりをつくる（名前や顔、性格を知る）。新しい環境に慣れる。「学童保育っておもしろいな」と子どもたちが実感できるようにする。
　あそび：ハンカチ落とし、ぺこたん　など。

2　高学年が低学年をあそびの輪に入れる
　新1年生を中心としたあそび生活になる時期。高学年に1年生を含めた低学年のあそびに入ってもらいながら異年齢仲間の関係をつくる。高学年のストレスに配慮し意見や不満を聞く。

3　指導員が子どもたちをつなぐ
　指導員はあそびに加わりながら子どもたちをつないでいく。

ふり返り

　「○○ちゃん、小集団だと安心して楽しそうにしているね」「高学年が低学年ともう少し関わる場面があるといいな」「じゃあ明日は高学年から誘えるように声をかけてみるね」など、何が達成できたか、どこが不十分だったかを保育計画をもとにふり返りましょう。

押さえておきたいポイント

　計画は子どもの要求や実態に応じて変更もあり得ます。柔軟に対応しましょう。保育計画は一人で立てるものではありません。指導員同士で日々をふり返り、ふさわしい見通しづくりを行っていきましょう。

チームワーク・指導員会議

仕事に携わる人たちの協力体制がうまくとれていると、集団の力が発揮され、よりよい成果を得られます。学童保育も複数の指導員が共同で仕事をする点では同じ。あそびについても指導員同士の相互理解や協力が必要です。指導員同士がお互いに納得・合意しながら仕事をすすめていくことを考えます。

子どもの育ち

はじめに

子どもにとって"あそびは大事"ということは指導員全員の共通認識でしょう。ではこの前提を同じくする者同士が集まれば仕事も順調に進むかと言えばそんなことはありません。一人ひとりの指導員は社会経験の違い、保育観・子どもの見方の違い、個人の価値観や性格も相まって感じ方や意見が違って当然です。だからこそ、指導員のチームワークには話しあいや学習が必要となるのです。

悩ましい…

よくある対立の例——宿題 vs. あそび

学童保育に帰って来た子どもたち。宿題をするよりあそびたいと言います。宿題を終わらせてからと主張する指導員、それではほとんどあそべないと反対する指導員。こんな対立、ありませんか？

　どの意見が正しい（間違い）とは言えませんが、指導員間では考え方の一致点をもっておきたいもの。宿題をどうするかについては、保護者や子どもたちと率直に話しあって決めるのがよいでしょう。

【例】宿題の時間を決める（全員強制ではない）→自分はしなくても、宿題の時間が終わるまでは騒がない、など。

　次のような対立場面もあるのではないでしょうか。皆さんで話しあってみてください。
- 「ただいま」が遅く、おやつまでに10分しかないとき。あそびOKか、おやつまで静かに待ってもらうか。
- 指導員は、子どものあそびに入るか、全体を見守るか。

どうする？――1　子ども理解の共有

　指導員同士で共通認識や一致点をもつために次のような学習をしましょう。

1）発達観の理解を共有する

　学童保育は発達保障の場です。発達について、0歳から青年期までの発達の道筋、発達障害など指導員みんなで学習しましょう。"発達とはこういうもの"と個人の感覚で捉えるのではなく、全員で発達観を一致させておきます。発達観の共通認識があれば話しあいもスムーズです。

2）児童期の理解を共有する

　乳児期・幼児期の発達課題が残っている場合は"気になる行動"として表面に出ることがあり、理解や援助が必要です。その上で児童期の特徴や仲間関係について押さえましょう。これらは日々のあそびの場面に大きく表れるので、指導員には深い理解とていねいな関係づくりが求められます。

3）子どもの"生きづらさ"に共感する

子どもは自分の揺れや不安を十分に自覚できず、その生きづらさが攻撃的な言動や消極的な行動に表れることがあります。一見問題行動に見えますが、背景に何があるのか、そうさせている理由は何か、ていねいに捉えながら子どもを理解し寄り添いましょう。

どうする？──2 共有・相談・協力のための仕組みづくり

次に、指導員が連携して子どもに働きかけるために必要な事柄を考えます。

1）情報を共有する

十分な時間がとれなくても、必要な情報は全指導員に周知を。短時間でも定期的に会議をもつ、テーマを決めて話す、書面にするなど工夫して情報を共有しましょう。準備・片付けをしながら話すのも有効な時間活用と言えます。

職員会議は学童保育の仕事には欠かせません。意思疎通を図るためにも時間の確保（保障）が基本です。

2）保育方針を一致させる

"みんなの輪に入るのを怖がっているBちゃんが、仲間に入って楽しいと思えるようにする"

例えばこのように、子どもの見方・関わり方の方針は一致させておくべきです。その上での具体的な働きかけは、各指導員の個性を生かしたり、指導員同士が交流する中でよりよい方法を模索しましょう。

3）役割の分担

役割分担が縦割りになりすぎると、お互いの仕事が見えにくく、意思の疎通がしづらくなります。指導員同士はもちろん子どもとの関係にも支障をきたしかねません。"仕事を分ける"のではなく"主たる担当を明確にする"と考えてみては？　主たる担当者は他の指導員にわかりやすく伝える努力をし、周りの人は意図を読み取って積極的に動く。そのような関係を築いていきましょう。

4）相談しやすい雰囲気づくり

指導員同士で感想や意見を出しやすい雰囲気づくりをしたいですね。大人がギクシャクしていたら子どもにも気を遣わせます。そのときの状況がよく見えている人がすすんで他の指導員に関わり、助けあって仕事をする雰囲気をつくっていきましょう。

職員会議のもち方

どの指導員も責任感をもって仕事をすすめるには、情報共有や合意形成は欠かせません。そこが不十分だとやらずにすんだ仕事に時間を割いたり、指導員間の関係が気まずくなることさえあります。また"その日に必要なこと""行事な

ど予定日までにすべきこと"など時間配分の条件もあります。限られた時間で効率的に情報共有をしていくには、会議計画も必要でしょう。職員会議の時間を確保するために、毎日1時間、週に一度は2時間の日、など会議予定を決めましょう。

日々のあそびについて会議で出しあいたいこと

- あそびの中で見える子どもたちのようす、変化、成長。喜ぶ顔、悔しがる顔
- 一人ひとりの子どもが他の子とどんなやりとりをしているか、あそびの中でどんな位置・役割をしているか
- 指導員の関わり方、あそびの導入の仕方、盛り上げ方
- あそびに入れていない子への関わり方
- 子どもの生活とあそびの時間 など。

このようなことを出しあい、何に注意し、どこに力点を置くかを確認し、その日の役割分担と保育の見通しを共有しましょう。

指導員同士で教えあう文化を大切にしよう

あそびの種類やあそび方など、指導員の仕事には知識やコツのようなものがありますね。どうやったらいいか指導員同士で教えあえる関係を大切にしたいものです。指導員同士が育ち、みんなの力を発揮しやすい保育環境や労働環境についても考えましょう。

(参考：長瀬美子「講座②指導員の職員集団～チームワークで職務にとりくむために」『大阪の学童保育第38集』)

学び続ける

指導員の仕事に学習は欠かせません。
あそびについても、意義や子ども理解、
実践の視点やあそびの実技など、知識や考え方、
指導技術を豊かにしていきましょう。

1 知っておこう──あそびの位置づけ

「子どもの権利条約」では、あそびを権利として定めています。また、学童保育は児童福祉法で「遊び及び生活の場」を保障するところと定められています。学童保育で働く者として、法律や指針、条約についても理解し、子どもたちに権利としてのあそびを保障することも意識しましょう。

●放課後児童クラブ運営指針（厚生労働省）

学童保育の運動指針には、あそびについて次のように書かれています。

[1章-2-（1）] 放課後児童健全育成事業の役割より抜粋

保護者が労働等により昼間家庭にいないものに、授業の終了後（以下「放課後」という。）に児童厚生施設等の施設を利用して適切な遊び及び生活の場を与え、子どもの状況や発達段階を踏まえながら、その健全な育成を図る事業である。

[2章-4] 児童期の遊びと発達より抜粋

遊びは、自発的、自主的に行われるものであり、子どもにとって認識や感情、主体性等の諸能力が統合化される他に代えがたい不可欠な活動である。

[3章-1-（4）-⑤]
育成支援の内容より抜粋

地域での遊びの環境づくりへの支援も視野に入れ、必要に応じて保護者や地域住民が協力しながら活動に関わることができるようにする。

発達に応じたあそびについても詳しく書かれているので読んでください。

● 子どもの権利条約（児童の権利に関する条約）
　国際条約ではあそびについて何と触れられているでしょうか。

[第31条]（休息・余暇、遊び、文化的・芸術的生活への参加）
1　締約国は、子どもが、休息しかつ余暇をもつ権利、その年齢にふさわしい遊びおよびレクリエーション的活動を行う権利、ならびに文化的生活および芸術に自由に参加する権利を認める。
2　締約国は、子どもが文化的および芸術的生活に十分に参加する権利を尊重しかつ促進し、ならびに、文化的、芸術的、レクリエーション的および余暇的活動のための適当かつ平等な機会の提供を奨励する。

　しかしこの第31条に関して、「遊びが子ども時代の喜びの基本的かつ不可欠な（生死にかかわるほどの）側面であり、かつ身体的、社会的、試行的、情緒的および精神的発達に不可欠な要素である」にもかかわらず、評価が学業面にかたより「第31条に基づく諸権利を否定される子どもたちが多い」と国連子どもの権利委員会が批判していることを、増山均氏（早稲田大学）は指摘しています。（日本学童保育学会『学童保育第5巻』）

2　指導員講座に参加しよう

　指導員の実践は保育の仕事。子ども理解が基本です。あそびに関する研修も、専門の講師から聞きたいもの。参考までに、これまで大阪学童保育連絡協議会の講座であそびをテーマに講師をしていただいた先生方の一言を紹介しましょう。

●加用文男さん（京都教育大学）
　あそびの中で身につけるものは、楽しい感覚に始まり、高学年、思春期になってくるとだんだん美的感覚の探求にもなってきます。技の美しさ、仲間への気配りの美しさは、勝ち負けとはまたちがう憧れにもなりますね。
　おとなの中の「あそび観」は、子どもに関わるときの「指導観」になるんじゃないか。とすれば、子どものあそびが認められない昨今、「なぜあそびが大事か」と言われたら、私は「あそべるおとなになるために」とこたえたい。こどもにとってあそびが大事！という人間の文化を守っていくためには、おとなのあそび観を豊かにしないとね。

●代田盛一郎さん（大阪健康福祉短期大学）

　「負けを受け入れられない・勝つためには手段を選ばない・勝負のあるあそびには参加しない」子どもが増えていますが、それは「幼いから、わかっていないから」とは少し違う。「わかっている、でもおさえられない」のでしょう。

　"あそべない子ども"がいたら、「ごっこ」の要素を膨らませてみては？　大事なのは、遊んだという事実に「私ら、俺ら、いっしょにあそんだね」「一緒にあそんで楽しかったね」という感覚を重ねることでしょう。

●四方則行さん（京都・元指導員）

　学童保育にはいろんな問題を抱えたこども達が入所してきます。しかし、なかまにこだわり合う集団をつくり、とことん遊びきっていくことで"人から人間に"育っていく姿がよく見られます。人は遊びの中では、人間として生きていく力をつけていく。一方、教科教育ではその時代に沿った生き方ができる力が育まれる。生きていくためには「遊び」と「教育」のどちらも大事で、とりわけ今、遊びを取り戻すことが大切なのではないでしょうか。

●谷口研二さん（京都・指導員）

　私の学童保育でも刃物を見て「危ない、人殺し」と言う子が出てきました。そこで、刃物を使って切り絵等のあそびを導入しました。正しく使えば、こんなに原始的で便利なものはない。まちがった使い方をすれば、すごく危険。真の安全とは、避けることではなく、正しい知識と技術を身につけることです。

3　実技交流のススメ——あそびながら学ぼう

　クラブや地域の指導員同士であそび方の交流、あそび込む体験をしましょう。あそびの達人をめざそうと取り組む姿勢は、学童保育を専門職とする人に今後ますます求められるのではないでしょうか。

　指導員会議前後の10分程度をあそびの交流時間にするだけでも、ずいぶんたくさんの交流ができます。

　指導員は、あそびをよく知っていることが求められます。あそび方やルールを知識として知っているだけではありません。そのあそびのだいご味、1年生には難しいかなという判断、おもしろくなる作戦、動き方のコツ——このような"あそんだ経験を積んだ人にしかわからない"ひきだしをどれだけもっているかが重要です。

4　保護者とも、地域の人ともあそぼう！

　加用先生の指摘のように（p 25）、"あそべるおとながいること""おとなのあそび観"が子どもたちのあそび環境を守っていく上で重要なポイントになるでしょう。"あそべるおとな"を増やすために、"おとなのあそび観"をふくよかにするために、大人同士であそびましょう。保護者会や地域のイベントなどで子どもと一緒に、または大人たちだけであそぶ機会をもっても楽しいですよ。

保護者とあそびの大事さを共感

元気な子に。友だちと仲よくできる子に。
思いきり体を動かしてあそぶ子に――。
保護者のわが子と学童保育に対する願いや期待は
さまざまです。でも最近は学校生活の変化を反映して
「学童保育ではあそびよりも宿題をきちんと見て」
との要望も増えています。

子どものあそびは自発的

あそびは本来、プログラム化されたものや大人がお膳立てしたものではなく、子どもたちが自主的・自発的にやり始めるものです。友だちとのあそびを通して、子どもたちは豊かな経験をし、主体的な力を伸ばしていきます。

ところが近年、授業時間が長くなるにつれ放課後時間が短くなり、学童保育ですごす平日の生活も様変わりしています。充分なあそび時間の確保が難しくなっているのです。

"子ども時代"へのふり返り

だからこそ学童保育ではあそびに一層こだわりたいのですが、保護者の中には「あそびだけでは困る」と言う人もいます。そのような保護者に「あそびって大事ですよ」と伝えるのは難しいですね。

でもあそびの大事さを保護者に理解してもらわないことには、学童保育での子どもたちの生活がうまく伝わりません。そこで、保護者にはまず"わが子ども時代"をふり返ってもらいましょう。誰にもあった"子ども時代"を。どのような時間をどのような場所で、誰と何をしていたのか、ふり返ることで子どもの世界が垣間見えるのではないでしょうか。

あそびの追体験

とはいえ保護者の多くは30～40代です。自然発生的な子ども集団が解消し、"あそべなくなった子ども"が社会問題化し始めた頃に子ども期を過ごした世代です。"子ども時代"をふり返っても、よくあそんだ記憶がない人が多いかもしれません。ならばあそびの"追体験"を試みてはどうでしょうか。あそびの楽しさを"今"体験してもらうのです。

保護者会の開始前や終了後、あるいは親子行事やキャンプなど、学童保育で取り組むさまざまな行事に保護者に参加してもらい、あそびの楽しさを追体験してもらいましょう。

Ⅲ　あそびの成立過程
"仲間あつめ"から"ふり返り"まで

「子どもたちのあそびが成り立たない」と悩んでいる皆さん。
この章では、指導員が子どもたちに誘いかけるところから
"あそびが成立するまでの一連の流れ"を追っていきます。
"仲間あつめ"から"ふり返り"まで、ポイントになる場面に
スポットを当てていきます。
自分が知っているあそびをイメージして読み進めてください。

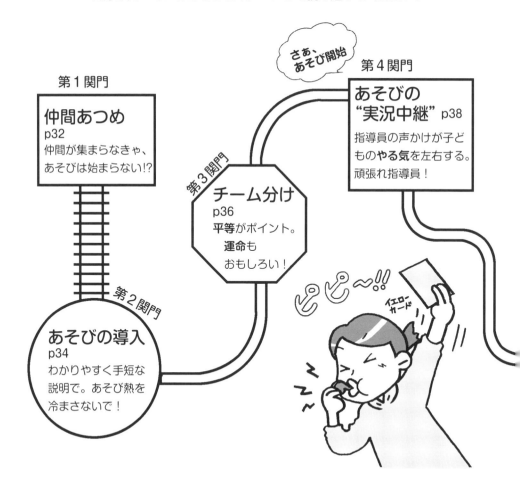

第1関門
仲間あつめ p32
仲間が集まらなきゃ、あそびは始まらない!?

第2関門
あそびの導入 p34
わかりやすく手短な説明で。あそび熱を冷まさないで！

第3関門
チーム分け p36
平等がポイント。運命もおもしろい！

さぁ、あそび開始

第4関門
あそびの"実況中継" p38
指導員の声かけが子どものやる気を左右する。頑張れ指導員！

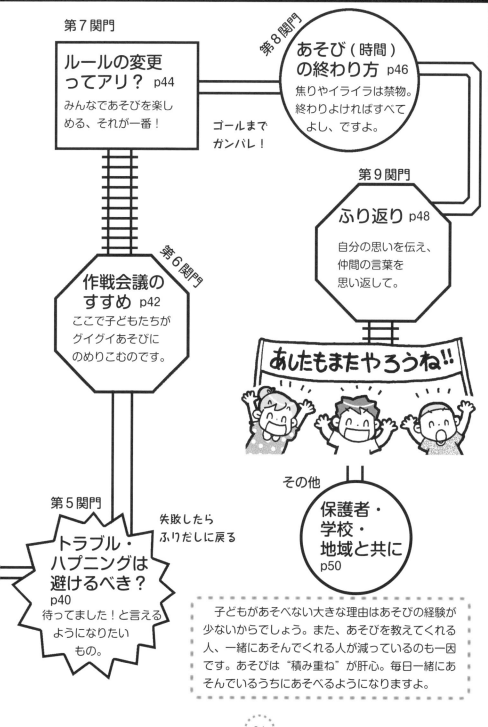

第1関門
仲間あつめ

関門その1はあそびに入る前の"仲間あつめ"。呼びかけても数人しか集まらず、これではあそびが始まらない…としょげることも。子どもたちが「何するの〜」「私もやりたーい」と寄ってくるには。

何ごとも仕込みが肝心！

　子どもたちをあそびに引き込むためには、指導員が一緒にあそびを楽しめるかどうかがカギです。まず自分がそのあそびを知り"ツボ"と"だいご味"をわかっておくこと。自信をもって誘うためには、事前の準備や練習が肝心です。うまくやれている人は、事前の準備に心をくだきます。少し余裕をもって子どもを誘えるようにしておきましょう。余裕ある雰囲気がまた魅力的なのです。

気をつけたいこと

○あそびの輪に入らない子に「あなた！みんなと一緒にあそびなさぁ〜い！」
○あそんでいる子たちに「あなたたち！あそびに入れてあげなさぁ〜い!!」
　このように無理やりあそびの輪に入れようとするのはどうでしょうね。まずはあそびに入らない子、入れてあげない子たち双方の言い分を聞いてみましょう。子どもの言葉が出てこないときもあります。そんなときは「なぜかな？」とまずは指導員が考えましょう。

指導員自身が楽しそうに！

子どもへの声かけは重要なポイント。蚊の鳴くようなか細い声かけは厳禁。大きな声で元気よく（怒鳴り声はダメですヨ）、大きな身ぶり手ぶりで子どもたち全員を見渡し、みんなの関心を一身に浴びるように誘いましょう。「何が始まるのかな？」と子どもたちがワクワクしだしたらヨシ！と思っていいでしょう。指導員が「さあ、あそぶぞー」と大げさに準備体操をするのも、子どもたちの興味をそそるかも！

ひそかに協力者をそそのかす

仲間あつめを指導員が一人でやる必要はありません。子どもと協力しましょう。「この子は頼んだら張りきるぞ」「一緒にやってくれるはず」という子が学童保育には何人かいるもの。そうです、その子がキーパーソン。事前にこっそり（でも楽しそうな雰囲気をつくりながら）声をかけ、「後でみんなに『缶けりしよう』と誘ってみよう」と協力を求めておくといいでしょう。

子ども同士の誘いあいをめざして

こうしたことを何回かやっていくうちに、子どもたちも仲間の誘い方、声のかけ方がわかってくるでしょう。

子ども同士が誘いあってあそび仲間を集めることが当たり前のようになったらいいですね。低学年が高学年を、反対に高学年が低学年を誘いあう関係づくりを考えてみましょう。

こたえ方も元気よく

子どもが頑張って誘っても、周りの反応が薄い場合があります。「いいよ、一緒にあそぼう！」と元気な返事があれば、誘った方は嬉しくなりますね。周りの子が「自分も入りたいな」と思えるような元気な応答を、指導員が率先して示してあげましょう。

子どもたちが「楽しそうだなぁ」と寄ってくる雰囲気をつくろう！

Ⅲ あそびの成立過程 ——"仲間あつめ"から"ふり返り"まで

第2関門
あそびの導入

あそびを導入する際に気をつけたいのは、そのあそびを知っている子と知らない子がいること。
そして、やりたい子もいれば少し不安な子もいること。
この2点を押さえておきましょう。
みんなであそぶ場合の導入を考えてみました。

"みんなであそぼう" 呼びかけのタイミング

　みんなであそぼうと呼びかけるとき、呼びかけのタイミングがポイントです。すでに他のあそびが始まっているのに「○○しよう！」と呼びかけても興味を示さないでしょう。呼びかけはみんなの意見が聞けるタイミングがいいので、1日の生活の中で全員が集う時間、たとえばおやつの時間などはチャンスです。

説明は手短にわかりやすく、シンプルなルールで始める

知らないあそびのルールを言葉だけで説明されても、イメージするのはなかなか難しいもの。わかりやすくするには具体的で目に見える説明がいいですね（数人でやってみせる、絵や図を描くなど）。しっかり理解できなくても、「何となくわかったけど（わからないけど）まあやってみようかな」程度でよいと思います。最初はできるだけシンプルなルールでやってみましょう。

指導員と子どもの"ゆるやかな関係"を育てよう

失敗や間違いを責められるような集団では、いかに巧みな呼びかけでもうまくいかないでしょう。あそぶうちにだんだんわかってくる、みんなが教えてくれるから大丈夫、という気持ちを広めたいものです。

子どもにとって、指導員や仲間との"ゆるやかな関係""安心できる関係"が一緒にあそびたいという気持ちを育てます。

第3関門

チーム分け

子どもたちはドッカン、Sケン、
ドッジボールなどの対戦型あそびが大好き。
そこで問題になるのが、
チームをどう分けるか…。
やり方によってはあそびを台無しに
しかねないので、チーム編成は重要です。

チーム分けはみんなの合意で

　チーム分けの基本は"つりあう"こと。異年齢であそぶ学童保育ではなおさらです。指導員はみんなが楽しめるようなチーム分けを心がけましょう。

　だからといって指導員が一方的に分けてしまうのは間違いです。均衡を保とうとするあまり強制的に分けるのは、「○○と一緒のチームになれないのはイヤだ！」という不満の原因にもなります。

　一人ひとりの思いをくみとり、みんなが納得のいくチーム分けをすることが求められます。力の差を感じる場合は、各チームのメンバーに「これでいいのか」と投げかけましょう。有利な条件やハンデをつけてバランスをとる提案や工夫もありますよね。

チーム分けに時間がかかる!?
熱が冷めないうちに始めよう

「さぁ、あそぼう」とせっかく集まっても、チーム分けや説明、準備でもめて長引くと、砂いじりが始まり一人抜け二人抜け…、ついにあそびが成立しなくなる。それでは残念です。あそびは"熱"が肝心。「準備は2分まで！」など心づもりをして、チーム分けや説明はある程度で踏ん切りをつけてあそびに入りましょう。そして、やりながら不具合を調整する力や知識（チーム分けの種類なども）を身につけたいものです。

チーム分けのいろいろ

分け方を3パターン紹介します。それぞれにおもしろさや注意点があるので押さえておきたいところです。チーム分けも子どもと一緒に楽しみたいですね。

●パターン1　力がつりあう者同士

最もオーソドックスな分け方。比較的バランスよく勝敗がつくのであそびが長続きします。作戦も立てやすく盛り上がりやすい。2チーム分けの例には次の三つがあります。
つりあう者が二人一組になって、
・グッパ（グーチームとパーチーム。または手のひらで表チームと裏チーム）
・ジャンケン（勝ちチームと負けチーム）
あるいは二人のリーダーを選び、
・とりあいジャンケン（1回ずつジャンケンをして次々仲間を取りあう）

●パターン2　"属性"で対決

班対抗、男子対女子、高学年対低学年、地域別（○丁目対△丁目）など、所属によるチーム分け。チームの結束力が強まりあそびも盛り上がります。しかし力の差や人数の差が露骨に出てしまい、両チームがヒートアップして"ののしりあい"に陥ることも。

●パターン3　たまたま、運に任せて

誰と一緒のチームになるか予測がつかず、ドキドキしながらチーム分けの行く末を見守ります。パターン2と同様チーム差が開く場合があり、チーム分け後にメンバー変更などの調整が必要かも。数え歌など歌や語呂に合わせて分けていきます。

【例】　いろはにほへと
　　　　ちりぬ　→　ぬすっと
　　　　るをわかよた　→　たんてい

この数え歌を何回も繰り返し、ぬすっとチームとたんていチームに分けるのが「たんていとぬすっと」（けいどろ）です。

ポイントは力のバランスがとれていること。たまには所属で仲間意識を強めたり、運命にハラハラするのも楽しいですが、だいご味を満喫した後は、力の差を考えてチームの再編も考えてみては？

あそびの "実況中継"

いよいよあそびの始まりです。
やる気満々の子、ルールがよく
わからないままの子。
モチベーションはさまざま。
あそびをスムーズに
楽しく進めるには、指導員の
"実況中継"が有効です。

始めるタイミングと声のかけあい

　あそびによっては作戦会議などで時間がかかるものがあります。両チーム同時に準備できるとは限りません。Sケンのように対戦するあそびでは、すでに心は臨戦態勢に入っているだけに、始めるタイミングには注意が必要です。

　あまりに長く待たされてやめたくなる子も出てきます。また、フラストレーションが溜まり「早くしろ！」と攻撃的な口調となって、始まる前に雰囲気が悪くなることもあるでしょう。とはいえ待たされる子たちの気持ちもわかりますね。

　そこで取り入れたいのが"声のかけあい"です。指導員が率先して相手チームに"挑発"をしかけてみましょう。

　チームで声を揃えることで連帯感も高まります。「こっちのチームは準備できていますよ！」と声を揃えて宣言します。相手チームが嫌味に聞こえないような"エール"として送るのがポイント。

　あそび開始までに子どもの興味を逸らせないようにしましょう。

あそびながら実況中継！

ルールやコツをよく知らない子があそびながら状況を理解するのには実況中継が役立ちます。「○○が陣地に入ろうとしてる」「△の後ろに■が行ったぞ」「相手陣地が空いてる、突っ込めー！」など、大きな声で状況説明をしましょう。右往左往している子どもは、指導員の具体的な説明であそびの輪にきっと入れるはず。

指導員の実況中継で盛り上がり、あそびは一層白熱します。

やる気その気はかけ声で！

タッチされることや失敗が怖くてビクビクする子もたくさん。それで楽しめない子もいます。優勢なときは「いいぞー」「○○行けー」、自分の陣地から出られないときは「大丈夫‼」と背中を押したり「○○守ってあげて」とフォローを促して安心感を与えてあげましょう。失敗しても「陣地から出られたね！」「すごかったよ！」と勇気をたたえます。次また頑張ろう！というメッセージがもらえたら本人はホッとしますよね。言葉のかけあいで、だんだん心は開いてくるものです。

中継のしかたを伝授

年齢も体力も経験も違う子どもたちが一緒に楽しくあそべるためには、実況中継は有効です。はじめは指導員が率先して声をあげますが、徐々に子ども同士でも声をかけあえるようにしましょう。

第5関門

トラブル・ハプニングは避けるべき？

あそびにトラブルはつきものです。
あそびが中断することを怖れて
トラブルを避けていませんか？

ルールを守らない子

ルールを守らないとあそびは楽しくありません。しかし「ルールはルール」と四角四面になってもおもしろくありません。お互いが気持ちよくあそべるためにあるのがルール。「このルール難しそうだな」「あの子は理解できてないな」と気づいたら、"みんながわかるルールをあみだす" "なぜルールを守れないのか"を子どもと一緒に考えましょう。また、ルールを守れなかったときも相手を責めない気持ちのしなやかさ、許す力、楽しむ力も育みたいものです。

ドッジボールやSケンの場面

コートの線を少々踏んだり足が出るたびにゲームを止めていたらあそびは成立しません。だからといって「じゃあオレも」と公然とルール破りをしたら話は別。"わからずにルールを破ってしまうこと"と"わざとルールを破ること"は違いますよね。"わざと破る子"の課題は？ その子の理解に心を配りましょう。

Ⅲ あそびの成立過程——"仲間あつめ"から"ふり返り"まで

対戦を怖がる子

　Ｓケンや王様陣屋などで、安全地帯（対戦しなくてもよい場所）から出ていけない子がいます。体の大きな高学年との対戦を低学年が怖がるのも当然です。圧倒的な負けがわかっていて勝負に挑む勇気をもつことは、大人でもなかなか難しいものです。
　とはいえ自陣や安全地帯にいつまでいてもおもしろくありません。相手チームだけでなく味方からも「アウトになってもいいから早く出てこい！」と言われたら、低学年の子どもたちはますます緊張してしまうでしょう。
　そんなときこそ、「指導員（高学年）と一緒に行くぞ！」と手をつないで複数人で挑むなど、学童保育ならではの特徴を生かして楽しみたいですね。

負ける・できないのが怖い子

　勝ち負けにこだわり、「どうせ負けるから」と自信のない姿の子を目にすることもあります。指導員は「やってみないとわからないよ！」と励ましますが、考えてみてください。その子は何が怖いのでしょう？
　負ける・できないのが怖く、そのことに耐えられないなら、その不安を和らげてあげましょう。できるできない、勝ち負けではなく、一緒にあそびを楽しむ関係性こそが重要です。「大丈夫だよ」「私と手つないでやろう」と手をさしのべる仲間をつくっていきたいもの。〝できる・できないが人の評価を示すものではない〟という実感を、子ども時代にもたせたいですね。

トラブル発生!?ラッキー！

　あそび世界でのトラブルこそ、子どもが成長していく場です。自分の思いを表し、相手の気持ちをわかろうとし、一緒にあそぶにはどうしたらいいかを考える。そのような経験は子どもたちが生きていくための根っこを太らせます。
　指導員としては「トラブル発生!?ラッキー！」くらいに受け止める余裕をもてるといいですね。子どもたちと共に考え、子どもたち自らトラブルを解決し次にすすめるように。指導員としてのセンスをどう磨くか、勝負どころです！

作戦会議のすすめ

対戦あそびに欠かせないのが"作戦会議"。
勝利に向けて仲間同士が力を合わせ、
知恵を出しあい、あそびに入り込む。
作戦会議は子どもたちの仲間意識を
急速に高めること間違いなし！
守り・守られる仲間の存在に、
子どもたちはドキドキワクワク。

Ⅲ　あそびの成立過程――"仲間あつめ"から"ふり返り"まで

王様陣取りで やってみよう作戦会議

　まずは王様が誰だか敵にわからないように、"ダミーの王様"をつくろう。次に大事なのは、いち早く敵の王様を見つけ出すこと。そのためには敵に気づかれないように尖兵をひそかに送り出し、じっくり敵の動きを観察。王様にはジャンケンで負けた仲間をタッチして救い出す"力"があるから、そのようすを注意深くチェックすれば、敵の王様を見つけられる。

　誰が王様かがわかれば、すぐさま敵の王様への追撃隊を組織し、軍団となって攻撃をしよう。もちろん味方の王様も守らなければならない。王様の防衛隊も組織しておきたい。

　と、こんな感じで作戦会議を開き、ワクワクしながら子どもたちと役割分担し、楽しみたいですね。

全員が主役、どの子にも出番と役割を！

作戦会議で重視したいのは、どの子にも"出番"があり"役割"が与えられることです。高学年に役割が集中するのではなく、1年生だからこそ発揮できる役割があるのです。足の速い子。動きは少し緩やかだけど存在感であそびを盛り上げる子。"しゃべくり力"で圧倒的に相手チームに影響を与える子など。一人ひとりの持ち味を生かして出番をつくり、自分の役割・存在価値を実感できる作戦会議にしましょう。

「仲間があぶないぜ!!」
「ラジャ!!」
すっかりその気
敵の動きをすばやくとらえるスパイのつもり

わかりやすい"目標"と"協力"

作戦会議で掲げる目標はわかりやすさが第一です。メンバー全員がすぐ理解できる目標を子どもたちと一緒に立てましょう。勝つことも立派な目標です。「全員が相手陣地に入ろう」「負けても泣かない」「タッチされた子を責めない」「高学年の子と低学年の子がタッグを組んで相手チームにぶつかろう」など、子ども目線で作戦を立て、協力関係を育みたいですね。

公然と認められるヒミツ
隠しごとの正当性

「隠しごとはダメ」と言いますが、作戦会議は仲間と隠しごとをするためにもたれます。こうしてあそびの中では"合法的"に公然とヒミツができるのです。仲間意識が高まるのが作戦会議の魅力。

Ⅲ あそびの成立過程——"仲間あつめ"から"ふり返り"まで

第7関門

ルールの変更ってアリ？

同じあそびを数回やったら、みんなが楽しくスムーズにあそべているか改めてようすを観察しましょう。状況に合わせて"もっと楽しくなる"ルールの展開が考えられるかもしれません。

できない子はどうしたら？

ある日のSケンでのこと。1年生がケンケンの足を代えて跳んでいるのを周りの子が見つけ、「あ！足代えた！ズルイ」「おまえもうアウト！」と険悪に。そこで「ルールだから守って！できない子は入れないよ」なんて言ったら、1年生は「こわい」「もう学童やめたい」となってしまいますね。できない子はどうしたらいいでしょうか。ポイントは一緒にあそべる状況をつくることです。そのためにはどうする？

どうする①
特別ルールをつくり、できない子も入れるようにする

1年生は途中でケンケンの足を代えてもいい、5回まで代えてもいい、1年生の島をつくる（1年生だけ両足をついて休める）など、ケンケンが苦手な子でも入れるような"1年生ルール"をつくってみましょう。学年に関係なくできない子を優遇する場合は"ごまめ制"（p14参照）にして、ごまめに入りたい子を募り、その子たちは特別ルールでOKにしたらよいでしょう。

どうする②
少しずつ力をつけるための援助をする

いつまでも優遇されていては本人も他の子もおもしろくありません。あそびは力をつけ、スリリングに参加できた方がおもしろいですよね。少しずつ正規のルール（に近い形）で参加できるように、経験を重ねさせ、励ましながら力をつけていきましょう。

低学年と高学年では力の差がありすぎて…

みんなが正規ルールであそべるようになっても、異年齢集団では力の差は歴然とあります。そういう場合は、高学年や力の強い子にハンデをつけるのもよいでしょう。ただし、ずっとハンデ状態では本来の力を十分に出せず欲求不満になります。本領を発揮して解放感を得ること、「すごい！」「カッコイイ」と下級生の憧れの存在になることは、本人だけでなく周りの子の要求でもあります。

力の弱い子も力の強い子も思いきり楽しんでもらいたい。指導員は状況を見つつ、今回は何を優先してどんなルールにするか、子どもたちと話しあって決めましょう。

もう少しルールを加えてみる
ここで指導員の知識が問われる！

わかりやすさを重視して簡単なルールで始めたあそびも、みんなが慣れてくると物足りなくなることも。高学年も一緒だと簡単すぎて「おもしろくなーい」と離れてしまう場合があるので気をつけたいところです。そんな場面に備えて、指導員は"こうやったら絶対おもしろくなる"というルールの発展パターンをいくつかもっているといいですね。そのためにも、他の指導員との交流でいろいろなあそび方を仕入れるよう心がけてください。実践のヒントとなる知識はたくさん仕込んでおきましょう。

最近はあそぶ時間が少なく経験を積みにくいので、みんなが参加できるようにルールを簡単にするなどの工夫が求められるようです（例えばＳケンでは"島"や"陣"で休めるようにする、両足をつけるエリアを設けるなど）。

第8関門

あそび（時間）の終わり方

子どもは大好きなあそびだと夢中になって時間を忘れるし、指導員はおやつの時間や帰る時間が気になり、つい"終わり"をせかすことも。しかし…。
終了時の気持ちは次の生活の意欲につながるものです。
「終わりよければすべてよし」と言われるほど、終わり方は重要なのです。
気持ちよい終わり方ができるにはどうしたらいいでしょうか。

時間を見通せる働きかけと配慮

　子どもに限らず、何かに熱中しているときに第三者から中断されるのは納得しがたいもの。子どもが夢中であそんでいるときに「おやつだから、あそび終わり！」なんて指導員に強制されたら…。子どもたちは本当はおやつも楽しみにしていたのに「おやつなんていらない！　大人ってわがまま！」と言いかねません。あそんで楽しかったと満たされた気持ちで次に移れるには？

　例えば「みんなぁ、あと10分でおやつになるからね。そろそろメドつけてね〜」と声をかけてみる。あるいは「あと2回にしようか」など具体的な提案をするのです。子どもたち自身が時間に区切りをつけられるような働きかけや配慮をしましょう。

達成感のある終わり方を

みんなが「あぁ、楽しかった！」と思えるようにあそびを終えたいですね。そのために指導員があそびの終わりに実況中継で盛り上げるのは効果的です。大きな声で子どもの名前を呼び、あそびの中での一人ひとりの輝きや具体的な頑張りを（やや大袈裟に）みんなに伝えるのです。勝った嬉しさ・負けた悔しさとは別に、自分を見てもらっている、自分も活躍したんだという誇らしいような満足感を得られることでしょう。嬉しいにせよ悔しいにせよ、その気持ちや感情を大切にしたいですね。

「また明日ね」「次はこうしよう」

そもそも放課後生活は子どもたちのものです。「○時になったら□△があるから、部屋に入ろう」など、自分たちの生活の時間をみんなで合意しておきましょう。「もっとあそびたいけど今日はこのへんで終わりにしよう」と子どもたち自身がメドをつけられる力を育てたいですね。

Ⅲ　あそびの成立過程——"仲間あつめ"から"ふり返り"まで

第9関門

ふり返り——
明日もまたやろうね

私たちが願うのは、今日の充実感が明日への希望につながることです。1日を思い出し、「明日もまたやろうね」と声をかけあう子どもたちの姿はかけがえのないものです。あそびの"帰り道"や"終わりの会"の場面を考えてみましょう。

あそびの後、帰り道・終わりの会での会話

（指：指導員　A〜E：子ども）

【場面1　帰り道】
A：タッチされて座ってたら△△ちゃんが助けに来てくれた。
指：よかったね。嬉しそうだね。
A：うん。

【場面2　終わりの会】
B：相手から缶をけられたとき、みんなからアーアって言われてイヤだった。
C：ごめん。あぁ負けたって思っただけだよ。
指：Cさんは負けて悔しかったんだよね。でもBくんは、みんなに責められた気持ちになっちゃったんだね。
D：Bくんは悪くない。最後までねばってたし。
指：うん、頑張ってたね。Bくんも負けて悔しかった？
B：うん。
E：次はボクらが勝てるように練習しよう。
B：うん！

　勝つ喜び、負ける悔しさ、どちらもごく自然な感情です。その感情を言葉にして実感できるよう指導員は働きかけたいですね。

言葉でふり返る

　言葉の獲得は、小学生の時期にとりわけ重要な課題です。自分の気持ちや考えを自覚し伝える、相手の状況や気持ちがわかる、意見を交わす。どれも生きていく上で大事なことですが、大人だってうまくいかないときがあります。

　学童保育には"ふり返る場面や思い"があり"聞いてくれる指導員"と"共有する仲間"がいます。指導員は話を具体的に聞き、子どもが言葉にできないときにはその代弁をするなどして、状況に応じた援助をていねいにしていきましょう。

　ことばを獲得する、伝える力を育むためには、まず「伝えたい生活があること」「伝えたい相手がいること」そして「伝えたい気持ちを育むこと」が大切。
（木下孝司「子どもの思いを伝えあう　ことばの発達」『日本の学童ほいく』2013年1月号より）

終わりの会は心が通う場

　自分の思いを言葉にして伝える体験を積み重ねることで自信もつき、仲間と心を通わせられるようになります。1日の締めくくりとして取り組まれる"終わりの会"は大切にしたい時間です。事務連絡や気づき・注意の出しあいだけで終わらないよう、まずは指導員が率先して今日の嬉しい場面を話しましょう。

Ⅲ　あそびの成立過程——"仲間あつめ"から"ふり返り"まで

保護者・学校・地域と共に

この章の最後は、子どもを囲む環境づくりの話で締めくくりたいと思います。周りの大人（保護者・指導員・学校・地域の人）が子どもの成長を一緒に考え、学童期にふさわしいあそびや生活経験を保障できるように。

保護者に伝える

- 「○○さん、お帰りなさい。今日Sケンでね、△△ちゃんが一人で陣を出られずにいたら、○○くんが『一緒に行ってやるから、出れる？』って手をとってくれたの。やさしいお兄ちゃんになったねー」
- 「大勢でのあそびはまだ不安みたいだけど、気になってきたようでみんなのようすをよく見てます。自分のペースで入れるようになればと思い、今は指導員も一緒に状況分析を楽しんでいます。△△ちゃんは観察力がすごいですね」

などなど。その日のできごとをお迎えのときや連絡帳で保護者に伝えましょう。子どもの成長をお便りや保護者会で伝え共有することで、学童保育での子どもの育ちに保護者の関心も高まります。

指導員のふり返りと共有

ふだんは見えない表情があそびのときに出てくるのもしばしば。あそびの場面の一つひとつは些細なことですが、そこにはさまざまな情報がつまっています。発する言葉、表情、雰囲気、無言のアピール、他の子との関わり方をふり返り、指導員間で共有・相談し、子どもの理解につなげましょう。あそびに夢中になること、頑張ること、達成感を味わうことは欠かせませんが、甘えること、休息をとることが必要なときもあります。そうした視点もお忘れなく。

指導員同士でこまめに子どものようすと関わり方を伝えよう

学校との関係、施設環境のあり方

学校内にある学童保育では、高学年の授業に合わせて16時まで外あそびが制限されているところもあれば、校外への外出が禁止されているところもあります。

校庭は広々として安全な一方で、あそび場が学校内に限られることで活動内容、経験ともに限定的にならざるを得ません。学童保育が学校内にある場合も、学童期にふさわしい行動範囲を地域に広げ、またキャンプ・野外活動の経験もさせたいものです。

学校内にあるプールや体育館、家庭科室、道具類もできるだけ使わせてもらえるよう協力を得たいですね。学校内外の活動を豊かにするためには、保護者・行政・学校関係者・指導員で話しあう場をもち、協力体制を築きましょう。

子どもにとっての地域、地域にとっての子ども

家庭とも学校とも違う"地域"。そこは自分が生まれ育つまちです。公園の片隅、道ばた、電柱の陰…、あらゆる場所で子どもたちは想像をふくらませあそびます。同時に、自転車や車に気をつける、小さい子を守る、近所の人に挨拶することも覚えます。子どもたちは地域であそぶことで、たくさんの経験をし、感性と感覚を養うのです。公園の木の下でのビー玉あそびや、夕暮れ時のおしゃべりやケンカ…。

地域での豊かな生活のため、指導員は子どもが日頃あそびに行く場と道をチェックし、安全・安心な地域づくりにも積極的に関わりましょう。地域にとっても、子どもの声が聞こえるまちは生き生きとし、温もりや繋がりを感じます。"子どもが輝く地域づくり"、めざしたいですね。

Ⅳ　こんなときどうする？

学童保育で子どもたちとのあそびに
行き詰まってしまうこと、ありませんか？
あそびの輪に入らない子がいたり、
なかなかあそびが成立しなくて困ったり。
焦るあまり子どもの気持ちを置き去りにして
強引な働きかけをしてはいないでしょうか。
この章では、日ごろのあそびの場面でよくある
「こんなときどうする？」を、みなさんと一緒に考えます。
学童保育の日常生活をふり返りつつ見ていきましょう。

いつも一人でいる子がいたら
p54

あそびに加わらない子。指導員の仕事としてこれはチト具合が悪いと思いがち。でも、焦って働きかけるのはちょっと待って。

子ども同士で あそんでいるとき
p56

あそびの主人公は子ども。だからといって「さぁ、子どもたちだけでドンドンあそび続けてもらいましょう」で大丈夫？

みんなが楽しめていれば結構ですが、そこに問題点はないのかな。

大規模集団でのあそびを 考える
p60

何してあそぶかまでは決まったのに、いつまでたってもあそびが始まらない。興味が薄れる子が出てきた…。なぜ？どうしたらいいの？

高学年まで 一緒にあそぶには
p62

学童保育の魅力は、何といっても異年齢集団でのあそび。でもよく見ると1年生は何となく怖がっているし、6年生は物足りなさそう。低学年も高学年も楽しめるようにするにはどんな工夫が必要でしょうか。

禁止は禁止？
p64

"学童保育は集団生活の場"なのだからと、制約や禁止、管理が強まりすぎて子どもがあそびにくくなっていませんか？

いつも一人でいる子がいたら

みんながワイワイあそんでいるときにあそびの輪に入らず、いつも一人でいる子っていますよね。ずっと虫取りをしたり、何をするでもなくゴロゴロしたり。ここではそんな子どもたちについて考えます。

いつも一人…なぜだろう？

いつも一人でいる子がいたら、「困った子だなぁ。何とかみんなの中に入れなければ」と思う人も、「一人が好きなんだろう」と捉える人もいるでしょう。改めてなぜ一人でいるのか考えてみましょう。

みんなのあそびに入らない理由、一人でいる理由の例

a　みんながやっているあそびがおもしろくないから
b　入りたいけど「入れて」と言えないから
c　負けるのが怖いから
d　虫取りなど自分がやっているあそびが楽しいから
e　一人でいたいから

いろいろな理由が考えられます。本人や周りの子どもたちに聞いてわかることもたくさんあるでしょう。「みんなとあそぼう」と働きかけたり「一人でいたいのかな」と判断する前に、その子の理解を深めていきましょう。

関わり方を考えてみよう

　次に、一人でいる理由に沿って指導員の関わり方を考えます。前ページのa～dは共通して、一人でいたいわけではないだろうと想像できます。以下のような対応をしてできるだけ一人ぼっちにならないように、まずは指導員がその子のそばに寄り、一緒に話したりあそんだりする関係になりましょう。

〈理由に沿った関わり方の例〉

a　どんなことをやりたいか聞き、一緒にあそぶ。またはやりたいことを一緒に考えて、「楽しそうだな」と思えるあそびを提案する。

b　「一緒に『入れて』って言いに行こうか？」と声をかける。その際、指導員も一緒にあそびに入ること。

c　勝ち負けのないあそびを提案する（泥団子、ごっこあそびなど）。少しずつ勝ち負けのあそびも楽しめるように援助する。

d　その子のあそびに指導員が関心を寄せ、楽しさを共感する。その輪を他の子にも広げる。

　「一緒にあそんで楽しかった」という体験を重ねることで、みんなとのあそびを楽しめるように援助しましょう。

　次にeの子どもですが、本当にいつも一人でいたいのか、さみしさはないのか、その子に関わりながら理解を深める必要があるでしょう。

　実際には"なぜ一人でいるか"がはっきりしない場合もあります。そのときは「こうじゃないかな」と理由を探りながら関わっていきましょう。「指導員から気にしてもらえている」という安心感が生まれることが大切で、その子のすごし方も変わっていくでしょう。

啐啄同時

　「啐啄同時（そったくどうじ）」──ひなが卵からかえるとき、親鳥は外側から殻をつつき、ひながスムーズに生まれてくるのをサポートする絶妙なタイミングを指す禅宗の言葉です。

　"あそびの輪に入らない（入れない）子"をていねいに見つめてください。そして指導員がまずその子のあそび仲間になり、他の子とも一緒にあそべる見通しを探ります。一人でさみしくすごすのではなく、誰かと一緒にあそんで楽しかったと感じられる学童生活にしたいものです。決して急がずすすめましょう。

　指導員のもつ影響力は子どもにとって大きいものです。寛容で安心でき、困ったときには自分に寄り添ってくれる…子どもがそう実感できる指導員でいたいですね。

IV　こんなときどうする？

子ども同士で あそんでいるとき

子ども同士が自然にあそんでいたら、指導員としては嬉しいですね。でも放っておいてはいけません。よく見ると「どうもぎこちない？」と感じることもあるはずです。

子どものサインを見逃さない

子どもたちがあそんでいるときに、このような場面はありませんか？　それが子どものサインかもしれません。

●**明らかに不公平では？**
いつも同じ子たちが勝っているようす。ボス的な子が自分のチームが勝つようにメンバーを固めたり、自分に有利にコトを運ぼうとしています。

●**一人の子に嫌な役が集中している？**
みんなであそんでいるけど、特定の子がずっと鬼をやらされているみたい。タッチしても難癖をつけられて、結局代わってもらえないようです。

●**いつも同じあそび**
また今日もこのあそび？　発展性がなく、あそびが単調になっています。子どもたちもいまいち楽しめてなさそう。

みんなでワイワイ言いながらあそんでいると問題は案外わかりにくいもの。子どもたちの表情や関係性（誰がどんな役を果たしているかなど）をよく見てみましょう。ちょっとした不自然さ、違和感を感じたら流さないで！

気づいたときが発展のチャンス！

　前ページのような事例は単にダメなことではないでしょう。むしろ小学生らしい姿、育ちのプロセスです。子どもたちのモヤモヤした気持ちに共感的な理解を寄せ、ていねいに関わりましょう。子どもたちは"弱い自分"に向きあってくれ、乗り越えるまでつきあってくれる大人を求めています。指導員の頑張りどころです。

●ぶつかりながら成長しよう

　不公平な状態であそびが続くと、力をもった子の"横暴"さが顕著になります。それに従う子が苦痛なのはもちろん、横暴になってしまう子だって本当の楽しさが感じられないことで苦しんでいるかもしれません。従う子には不満の声を、周りの子には意見を出させましょう。指導員は小さな声（意見）も聞き逃さないようにキャッチを。それぞれの子が弱い自分に向きあい乗り越えるきっかけにしていきたいものです。

　ふざけているうちにいじめに変化していることもあります。ふざけの度がすぎるなと思ったら率直に意見を言い、子

もたちにも意見を聞き、考える機会にしましょう。このタイミングをつかめるかどうかはかなり重要です。

●あそび教えて！

　いつも同じあそびばかりなのは、違うあそびが思いつかないのかもしれません。そんなときはタイミングを見計らって、その子たちが楽しめそうなあそびを提案してみては？　あそびのレパートリーが増えたら、自分たちがやりたいあそびを出しあえるようになるでしょう。

> ## 子どもたちのあそびに入る
>
> 　子ども同士であそんでいる状況は尊重して見守りたいもの。でも外から見るだけではわからないことも多々あります。たまには子どもたちのあそびに入らせてもらうのもアリではないでしょうか。一緒にあそぶことで細かい状況も見えてくるはずです。

勝ちにこだわる子

　どんなことをしてでも自分が勝ちたいという子、いますよね。下の絵のKくんもそうです。Kくんには人を引っぱる力があります。でも、横暴さが前から気になっていたところ。周りの子がとうとう不満な態度を表してきました。

　ついにKくんに自分と向きあってもらうときが来ましたね。Kくんだって今のままの自分では辛いのです。指導員も腹を決めるときです！

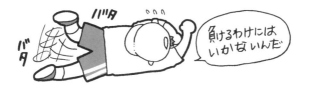

負けたって大丈夫

　勝ちにこだわる子は人と比べられること、自分への評価に人一倍敏感になっているのかもしれません。「負け＝自分が非難されている」「人より強い、できる自分でなければ」という無意識の不安にかられ、本人も苦しんでいることでしょう。

　「勝ち負けであなたのことは見てないよ。勝ちにこだわって他の子を苦しめる方が辛いでしょ」というメッセージを送りましょう。

　"安心してあそべる""安心して負けられる"そんな仲間づくりをしていきたいですね。

キラリと光る場面を共有

　「前は怖くて参加できなかったことに挑戦できた」「やさしい言葉をかけられていたな」「負けを受け入れられるようになって、潔くなったなぁ」「イヤだったら言えるようになったね」など、以前はできなかったことができるようになった子もいれば「我慢できる自分になりたい」ともがいている子もいます。

　あそびの中でその子が頑張っていたこと、頑張ろうとしていることなどを子どもと語りあうことで共有していきましょう。そして自分や仲間のことを認め、励ましあえる関係を築けるようになってほしいですね。

大規模集団での あそびを考える

あまりに人数が多すぎるのは"子どもの力だけではあそびが成立しにくい"ケースと言えます。大集団でみんなが楽しくあそぶための工夫や視点を考えてみましょう。

Fさんの失敗
"とりあえずみんなであそべば"は逆効果

Fさんは60人が在籍する大所帯の学童保育に異動になりました。あそび選びに悩んだ末に思い出したのが、以前30人の学童保育でやっていた週に一度の"全体あそび"です。どうなったでしょうか。

●とりあえずみんなであそべば！〜Fさんがイメージしたこと
・みんなで楽しくあそべば、大人数で生活するよさがわかる。
・今までとは違う人間関係が生まれる。
・終わりの会で「次こんなことしたい」という意見が活発に出る。

●想像は打ち砕かれる〜現実はこれ
・チーム分けに時間がかかり、フラストレーションでイライラする子。
・例えばドッジボールの場面。得意な子が楽しんでいる一方、他の子たちは何となく時間をすごしている。一度もボールに触らなかった子、退屈で地面に絵を描く子、あげくはボールに集中している子にその指を踏まれ…。
・ケンカが勃発、楽しくないという子も続出して、指導員はてんてこ舞い。
・あそんだ後の報告会。"いやだったこと"が次々に出されて険悪なムードに。

●そして、、、〜痛恨の一撃
・「ねぇねぇ、そろそろあそんできていい？」

> Fさんのふり返り
> ・子どものためにと思いながら、子どもの気持ちを考えていなかった。
> ・指導員の一方的な提案ではなく、子どもと話しながら決めていこう。
> ・そしてみんなが楽しめるにはどんな工夫があるか、他の指導員にも聞いて自分のひきだしを増やさなければ…。

あそびの適正人数

あそびの内容によって「これくらいの人数でやるからオモシロイ」という適正はあります。工夫しだいで何人でも可能なものもありますが、適正人数があることは知っておいた方がいいでしょう。そうでないと、人数が多すぎて子どもが困っているときに「みんなで楽しくやりなさい」という声かけをしかねません。

何人かで一緒にあそぶためには、仲間を誘い、提案し、進行するなど、いろいろな力量が必要です。学年（発達段階）や個性にも影響されます。3人ではあそべても10人では難しい場合もありますよね。

子ども同士が声をかけ自然にあそべる人数の例

・ごっこあそび……多くても5人くらい。7、8人なら同じ空間に2、3の集団ができるのではないでしょうか。
・対戦型……20人以下。味方チームのメンバーを覚えるにも限界があります。

全体あそび（みんなあそび）——運営の工夫

みんなで一つのあそびに取り組み成功している学童保育もたくさんあると思います。しかし、人数が多すぎてなかなか楽しめない状況になったら、次のような工夫をしてみてはどうでしょうか。

・○○あそびにみんなで取り組みたい　➡　2、3のあそびグループに分けてみる。
・全員でいっせいにあそぶ時間にしたい　➡　やりたいあそびの候補をいくつか出し、同じ時間帯に複数のあそびグループをつくる。子どもは好きなグループに入る。

全体あそびにも、全体あそびならではのねらいや意義があると思います。例えば、活動を通した関係づくり、ルールづくり、あそび文化の充実（新たなあそびや苦手なことにもチャレンジする）などでしょうか。

大規模学童保育の運営は大変で、それ自体適正規模にすべきものです。とはいえ、子どもたちの状況を見、子どもの意見も聞いて、みんなが楽しめるあそびを模索していきましょう。

高学年まで一緒にあそぶには

異年齢集団のあそびは学童保育の持ち味です。高学年と低学年では、体力も精神力も経験も違います。その違いが低学年にとっては「あんなお兄ちゃん、お姉ちゃんになりたい」という目標となり、憧れや期待になります。高学年はそれが自信と誇りになり、みんなの期待に応えようと一肌脱ぐ"たくましさ"を見せてくれます。

低学年

高学年

陥りやすい誤り

しかし、高学年への期待はしばしば指導員の誤りを招きます。「高学年ならこんなことはできて当たり前」とリーダーシップを押しつければ高学年へのプレッシャーになりかねません。一方、高学年もときには知力・腕力を武器に傲慢な姿を見せることがあります。

怖れられる存在ではなく憧れられるリーダーとして力を発揮するためには、高学年もまた充実した学童保育での生活が保障されなければなりません。

高学年の姿

　子どもたちは、学年が上がるにつれ勝敗の明確なあそびを求めるようになります。本格的なスポーツへの関心も高まる頃で、ルールの変更もこなしてあそびの発展を試みます。しかし気をつけたいのは、ルールが高学年に都合よくつくられ、低学年にとって楽しくないものになってしまうことです。

　また思春期前期に当たる高学年は、周囲の目を気にし、低学年や異性とあそぶことに恥ずかしさを感じるようになります。精神面でも微妙な変化が生まれストレートに自分の要求を表せず、指導員とあそびたくても「一緒にあそぼ」とはなかなか言えません。

> 　照れてクールに接する高学年。でも誘ってほしいし頼りにされたい。指導員としてはこのフクザツな心境を理解して関わりたいもの。

指導員との信頼関係

　高学年までを含めたあそびの取り組みは、指導員との関係が大きな意味をもちます。学童保育の生活で高学年との信頼関係を築くことは重要で、あそびを豊かにする前提ともなります。

　信頼関係が指導員と高学年の間に育っていれば、例えば高学年にハンデをつけたあそびでも、「指導員は本当の実力をわかってくれている」という安心感からあそびを受け入れることでしょう。信頼関係が不十分であれば、「何でそんな不利なことしなければならないのか」と拒否されるでしょう。

　高学年になれば、指導員とのアイコンタクトで低学年にわざと負けてあげるなどの力を発揮することができます。

禁止は禁止？

子どもの周りはルールや禁止事項がいっぱい。指導上どうしても必要な禁止や制限はありますが、あれはダメこれはナシばかり言われては、子どもの心が縮こまってしまいますね。納得でき、元気を取り戻すよう配慮しましょう。

あそびに関する禁止事項の例

ア）オモチャを片付けなかったら使用禁止　（指導員）
イ）学校の敷地から出てはいけない　（行政）
ウ）指導員から見えないところに行かない　（指導員）
エ）一人で公園に行かない　（子ども・指導員）
オ）はさみ・カッターの使用禁止　（指導員）
カ）宿題を全部しなければあそびはナシ　（保護者・指導員）
キ）折り紙は1日3枚まで。それ以上はダメ　（指導員）
ク）砂場・ブランコの使用禁止　（学校）
※（　）内は禁止事項を決めた人

何のための禁止か

そもそも"禁止"とは大切な何かを守るためのもの。例えば子どもの命、自然の生態系、高学年の学習権、1年生が安心して過ごせる環境、などです。重要度の高い内容から日常の細かい約束ごとまで、度合に差はあれルールを定めるのは仕方ないでしょう。

一方、禁止には経験を通して能力を獲得する機会を奪う弊害が伴います。上の例オのように、できれば経験させたいが、指導員の人数が足らず目が行き届かないため安全確保が困難と判断し、泣く泣く禁止にせざるを得ない場合もあります。

"大切に守りたい何か"は他の何かを禁止しないと守れないのか。経験を通して力をつけることが守る力になるのではないか。判断が問われるところでしょう。

●伝え方も大事…じゃぁ何ならできる？

「○○はNO！」「××はナシ」「ダメなものはダメ」と言われるだけでは、子どもはやりたいことはできないし、どれならOKなのかもわかりません。葛藤とイライラであそびたい心が萎縮し、パニックになる子も少なくありません。

ただ禁止と言うのではなく「（○○は無理だけど）△△ならできるよ」「何ができるか一緒に考えよう」――やる気・楽しみにする心をふくらませてあげられるように、できることを提示しましょう。できることを子どもが思いつけば、それがどんな小さなことでも喜びに変わるものです。

指導員は開拓者

例イ・クのように、学童保育の外部から制限されている事柄もたくさんあります。小学生の時期にふさわしいあそび環境を獲得するために、学校を含む地域に働きかけ続けるのも指導員の仕事でしょう。

目的を理解、共有し、追求する

ルールや禁止の権威的な押しつけは、子どもたちの自由を奪うことになります。それは子どもの主体権を守る学童保育の理念にも反します。

なぜ禁止するのか、何を守るためなのか。子どもだって納得できれば、やれないことも受け入れることができます。そこに理解と指導員との信頼関係があれば。

何が大切かが子どもたちの間で了解され、日々の生活で実践されることが重要です。学童の内部（指導員・子ども）で決めるルールは、それが指導員の発案であっても子どもたちと話しあい合意を得ること。学童以外から提示されるルールなら、納得できるように説明し話しあう必要があります。また、新しい子が入ればその子とルールを共有し、見直しを求める声が上がったときにはみんなで考え直しましょう。

Ⅴ　さぁ、あそんでみよう！

さぁ、次は実際にあそんでみましょう！
指導員はたくさんのあそびの種類、
あそび方を知っておく必要があります。
"あそびのひきだし"を豊富にし、
魅力的なあそびを子どもと共につくりだしていきましょう。
あそびへの興味と関心はどん欲に！
まずは指導員があそびを楽しめるようになること。

月刊『日本の学童ほいく』誌（全国学童保育連絡協議会）には各地の学童保育で流行っているあそびを紹介するページも。参考になりますよ。

あそびの種類いっぱい　　p68
やってみよう①　バッカン　　p70
やってみよう②　おにごっこ　　p72
ごっこあそびを取り入れよう　　p74
絵本を読む　　p76

学童だよりの例
ある学童保育の年間活動報告より

 ○○年度　　○○○学童クラブの生活

学期	月	よくしたあそび	行事・イベント	子どもの仕事
1学期	4月	かまぼこおとし　幼虫さがし　野球　ドッジボール　けん玉　アイロンビーズ　絵本　紙芝居	12日　○○下見へ、班編成 19日　ハイキング 26日　科学館	クレープはやる　よもぎ団子　フルーツポンチ
	5月	アイロンビーズ　かかしケンパ　剣づくり、たたかい　べーごま　泥団子づくり　○○川カニとり　どっかん	31日　べーごま、土団子大会	コロコロいももち　ホットケーキ　ぜんざい　クレープ　ガトーショコラ　よもぎ団子
	6月	どっかん　○○川　木登り、びわとり　泥団子　まりつき　けん玉　野球、キック　絵本　折り紙	16日　○○池ハイキング 20日　まりつき歌、舞台出演 21日　△△池 24日　高学年宴会 28日　映画会＆けん玉＆食事会	ハンバーグ　ホットケーキ　高学年食事会（ステーキ・からあげ・麻婆豆腐）
夏休み	7月	スライム　けん玉　野球、サッカー　○○川　Sケン　かまぼこおとし　セミとり　どっかん　しゃぼん玉　プール　エコ工作　ごっこあそび　缶けり　トランプ、将棋、オセロ　サイクリング練習	18日　映画会 19日　エコクラブ　○○海岸掃除 23日　○○村下見、班編成	コロッケ　ポンポコドーナツ　食事づくり（カレー・シチュー・みそ汁・からあげ・にゅうめん・ハンバーグ・やきそば・スパゲティ・中華スープ）
	8月		5～7日　○○村キャンプ 8日　打上げパーティ 9日　平和の集い 11日　サイクリング下見 12・13日　△△公園掃除 25日　工場見学 27・28日　低＝合宿、高＝サイクリング	

年間活動でみれば学童保育のあそびはいっぱい

あそびの種類いっぱい

くつかくし

生きものとあそぼう
・幼虫さがし ・虫取り
・さかなつり ・ザリガニつり
●残酷なこともしながら命の尊さを知るよね

くつとり

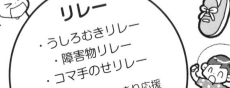

リレー
・うしろむきリレー
・障害物リレー
・コマ手のせリレー

●声を出して思いきり応援
●走る前の緊張感と走った後の安堵感 ・ドキドキ

息を合わせて！
・大なわとび ・ダブルダッチ
・バンブーダンス ・おどり

●はじめのはじめの第一歩！

V さぁ、あそんでみよう！

スポーツ的なあそび
・野球 ・ドッジボール
・中あて ・キックベース
・サバイバルドッジ

●ルールを守る・決める
●チームワークの大切さ

ビー玉あそび
・ポリボックス
・天国と地獄
・めかちん
・ビー玉あつめ

自分たちだけの大好きな場所
・ひみつ基地
・隠れ家

泥団子

伝承あそび代表パート1
・あんたがたどこさ
・ゴムとび ・まりつき
●息が合うと気持ちいい。体もしなやかに

体のぶつかりあい
・Sケン ・すもう ・おしくらまんじゅう・人間ラグビー

●ぶつかって仲よくなってゆく

ベーゴマ

学童期のあそびはいっぱい。
このページに紹介するのは私たちの学童で
親しまれている代表的なあそびの一部です。
どれも子どもたちに大人気。
ご存じの方も多いでしょう。
学童保育の指導員として、
あそびのひきだしを満タンにしたいですね。

木登り

伝承あそび 代表パート2
- けん玉
- コマ ・おはじき
- あやとり

● ちょっとした"間"でできる

雨の日オススメ 部屋でもあそべちゃう
- ステレオゲーム
- コウモリとガ（モスバット）
- リーダーさがし
- ウインクキラー
- 船長さん
- タオルとり　など

工作
- アイロンビーズ ・折り紙
- おもちゃ ・あみもの
- ミサンガ

● 作業の中で教えあい
● 完成したとき嬉しいね

コトバと想像
- 絵本 ・紙しばい
- 劇 ・ごっこあそび

小グループで
- カレービンゴ
- 10万円ゲーム
- やれやれこんばんは
など

ルールがシンプル
- 渦巻きじゃんけん
- 道じゃんけん ・猛獣がり
- ハンカチおとし
- 民族大移動

● 1年生にもオススメ！

カード・ボードあそび
- トランプ ・かるた ・将棋
- オセロ ・カロム ・チェス

● 二人から大勢まであそべちゃう

あるもので
- かかしケンパ ・石けり
- かまぼこおとし
- 牛乳パックめんこ（ベッタン）
- 酒ぶたゴマ

Ⅴ　さぁ、あそんでみよう！

やってみよう①
バッカン

対戦型のもっともオーソドックスなあそびで、いくつものパターンがあります。あそび始めたらどの子も夢中になること間違いなし。
年齢に関係なく楽しめるので、学童保育のような異年齢集団にはもってこいです。

あそびの基本
2チームつくり、チームごとに基地（電柱でもベンチでもいい）に分かれたら試合開始です。相手チームの子に「バッカン」と言ってタッチしてジャンケン勝負。勝てば相手を捕まえ、負ければ捕まらないように一目散に逃げます。

あそびの流れ

① 両チーム全員がそれぞれの基地に集合。「試合開始！」のかけ声と共にスタート。基地から勢いよく飛び出し、相手チームの子に"タッチ"する。タッチした子が対戦相手となりジャンケン勝負。

② 負けた子は、逃げ出す前に捕まると相手の基地に連れて行かれて"捕虜"になる。負けても捕まらずに自陣の基地まで逃げ切れば"セーフ"で、再び参加できる。

③ とはいえ、タッチした相手が高学年でこちらが低学年だと、ジャンケンに勝っても逃げ切られる可能性は大。負ければ即座に捕まるだろう。そんなときは、高学年の子が低学年の子のそばに寄り添うのだ。低学年の子が勝ったら、相手の逃走を妨害し低学年の子が捕まえやすい状況をつくり出す。反対に負ければ、間髪入れずに相手にタッチし、低学年の子が逃げ切れるようにする。

④ こうして、どちらかが完全敗北する（全員が捕虜になる）まで続ける場合もあるし、時間を決め捕虜の人数で勝敗を決めるやり方もある。

バッカンの発展形

王様陣屋（陣取り）

バッカンの変形・発展形は数多くあり、王様陣屋（陣取り）もその一つ。両チームとも相手にわからないように"王様"を決め、"試合開始"で"タッチ"してジャンケン。負ければその場に座り、自チームの王様が触れると生き返る。王様がジャンケンに負けるとそのチームの敗北となる。相手チームの誰が王様かを見極めるのがポイント。

ドッカン

両チームとも、メンバーに"ライオン（王様）""トラ""コブラ"の役割を決めておく。「ドッカン」と言ってタッチし、お互いに役割名を言いあう。ライオンはトラより強く、トラはコブラより強く、コブラはライオンより強い。相手が自分より強ければ自分が"捕虜"になり、引き分けなら一度基地に戻ってから再び参加できる。ライオンが負けるとそのチームの敗北となる。

やってみよう②
おにごっこ

1年生も知っているのがおにごっこ。
鬼になった子が他の子たちを追いかけて捕まえる。
他の子たちは逃げる。単純でわかりやすいルールの
おにごっこは、子どもたちに人気のあそびの一つです。

あそびの基本

子どもたちは怖いものが大好きです。お化け・妖怪・きも試し、そして鬼。怖いけど、ちょっと好きなのが鬼。おにごっこに登場する鬼は、実際は友だちや指導員です。それは子どもたちもよくわかっているのですが、いざ始まると鬼役の友だち（指導員）が"怖〜い鬼"となって襲いかかってくる、そんな感覚になるのです。その感覚を子どもたちは楽しみ、"逃げる""捕まえる"を交互に繰り返していきます。

おにごっこもいろいろ

今日はどれにする？

●**高おに**　鬼が他の子を追いかけ捕まえるのは同じだが、逃げる子がベンチや遊具、またはすべり台など高い場所へ逃げこむと、鬼は捕まえることができない。逃げこんだ子は鬼の目を盗んで地面へ降り、鬼の追跡を楽しみながら再び逃げて走り回る。

●**色おに**　基本ルールは同じく、鬼が追いかけ他の子は逃げる。そのとき鬼が"色"を指定する。例えば鬼が「黄色！」と叫んだら、逃げる子は"黄色い物"を探してそこへ逃げこむ。逃げ切れずに鬼に捕まれば"アウト"。鬼を交代する。

●**ふえおに**　鬼がどんどん増えていくおにごっこ。地域によっては"手つなぎおに"と呼ばれているもので、鬼にタッチされた子も鬼になり、手をつないで次なるターゲットを追いかける。こうして次々と鬼の仲間を増やし、手をつなぎ二人一組のチームに分かれて逃げる子を追いこんでいく。最後まで生き残った子は、鬼に変身した全員から狙われることになるので、これ以上迫力ある怖いあそびはないだろう。

●**凍りおに**　おにごっこのユニークな変形が凍りおに。鬼にタッチされた子は、凍りついてその場で動けなくなる。でも鬼以外の子が凍りついた子の股の間を潜り抜けると"解凍"。再び参加できるようになる。

他にも、バナナおに、石木凍りおになどがある。

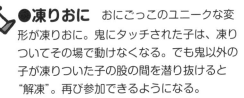

ごっこあそびを取り入れよう

「小学生なのにまだごっこあそび？」なんてノンノン。
ごっこあそびと言っても幅広いのです。
小規模なおままごとから、段ボールの隠れ家づくり、
忍者ごっこ、スケールの大きなあそびまで。
想像力や協同する力も育まれます。
何より現実の自分と違う何かになりきれば、
あそびの世界が広がることでしょう。
高学年の子たちとも楽しみたいですね。

あそぶ環境と空間を整える

1　安心してごっこあそびをさせて

　小学生になると羞恥心が強まりますから、なかなか保育園のように堂々とできない子もいるかもしれません。周りに仲間がいれば恥ずかしくて、部屋の隅や見えない所で、と思うかもしれません。本当はしたいけれど、場所も道具もないからできないのかも。カーテンで仕切ったり棚を置いたりなど、子どもたちと相談しながらごっこあそびの場所を確保しましょう。

2　小道具は本格的に、材料は豊富に

　小学生のごっこあそびでは、より本物に近づけたい欲求が強くなり、役になりきるための小道具が必要不可欠。どこまで真に迫れるかは小道具しだいとも言え、小道具をつくる作業もこのあそびのだいご味です。使えそうな材料はできるだけ豊富に用意しておきましょう。また、材料があればつくりたくなります。つくりながら自然にごっこあそびの世界へ入っていける環境の配慮も必要です。

段ボール　新聞　セロテープ
ガムテープ　なども

> たとえば

忍者ごっこやりたい！

使いたい道具もあれば、行きたい場所もあるんだけど　の場面

〈子どもたちの思い〉
- 段ボールで自分たちの隠れ家をつくりたいな。
- ほうきを刀にしたい。
- 手裏剣10枚はほしい！　折り紙でつくりたい。
- 物陰に隠れたいから、体育館裏の壁まで行きたい。
- 隠れ蓑の術をするには木の上に登らなければ。

　　　　　↓　でも…

〈こんな対応になっては子どもはガッカリです〉
- 段ボールなんてそんなにたくさんないわよ。
- ほうきは掃除をする道具。危ないしダメよ。
- 折り紙は1日3枚までと決まってるでしょ。
- 体育館の裏は指導員の目が届かないから行かないで。
- 木に登るなんて危ないからダメ。

　　　　　↓　では…

〈このような対応はどうでしょう〉
- スーパーに段ボールもらいに行こうか（もらってくるね）。
- ほうきはたたかれたら痛いし。新聞ぐるぐる巻きでつくるのはどう？
- チラシも使おうよ、10枚どころかいっぱいつくれるよ。
- 私（指導員）も忍者ごっこに入れてくれる？　仙人がいいなぁ。物陰や木登りは君たちにはちょいと危ないからね。そばで見といてやろう！（そばで安全確認）

何ができるか、どこまで可能か子どもにはわかりません。「これはダメ」ではなく、どうやったらできるかを一緒に考えましょう。

Ⅴ　さぁ、あそんでみよう！

仲間とつくる世界へ

　仲間と自分たちの世界をつくりだすのがごっこあそび。イメージの違いでぶつかること、相手にわかってもらうために表現を工夫すること、そんなやりとりから子どもたちは学んでいくことでしょう。
　お店屋さんを開き、保護者や他の学童の子どもたちを招待するのも楽しいでしょうね。

恥ずかしがってちゃ困ります

　指導員も本格的にその役柄になりきりましょう。「私、恥ずかしがり屋だから」ですって？　いやいや、それが私たちの「仕事だから」！

絵本を読む

絵本を読んでもらうと、何だか心がホッとします。
勉強にあそびに子どもたちもせわしない日々だからこそ、
絵本でゆったりとした時間を大切にしませんか。
一度や二度でなく何度読んでもらっても嬉しいものです。
絵本の時間は子どもの心をふくらませ、やさしくします。

読み聞かせをしよう

　子どもたちのあそびが今一つ盛り上がらないなぁ。そんなとき1冊の絵本を読みましょう。物語の世界に子どもと一緒に浸ることからイメージの共有が始まります。悲しい場面では悲しげな雰囲気に包まれ、おかしな場面で隣の子と笑い、仲間の言葉に共感する。絵本を一緒に読むことで、子どもも指導員も心がぐんと近づきます。何よりも"読んでもらうこと""聞くこと"が楽しみになります。

こんな絵本あるよ

みんなで大笑い！

じごくのそうべえ
田島征彦／作
（童心社）

読み応えあり！
おもしろく、
やさしい

れいぞうこのなつやすみ
村上しいこ／作
長谷川義史／絵
（PHP研究所）

からすのパンやさん
かこさとし／絵・文
（偕成社）

にんじんばたけのパピプペポ
かこさとし／絵・文
（偕成社）

半日村
斎藤隆介／作
滝平二郎／絵　（岩崎書店）

花さき村
斎藤隆介／作
滝平二郎／絵　（岩崎書店）

猫は生きている
早乙女勝元／作
田島征三／絵
（理論社）

いいから いいから
長谷川義史／作
（絵本館）

まだまだあるよ

子どもに読むとき

　子どもたちに絵本を広げる前に、指導員はしっかりと内容を読んでおきましょう。場面場面でつくりたい雰囲気をつかんだ読み方ができると共に、季節や行事に合わせた本選びにも役立ちます。あそびの導入にも絵本を使いたいですね。終わりの会でホッと一息というのも一案。また子どもたちに考えてほしいことなど、絵本をきっかけにするのもいいですよ。

高学年の魅力を添えて

　子どもたちが「自分も読んでみたい」「みんなに読んであげたい」と思う気持ちを育てたいですね。高学年は特に「ぼく（わたし）がいなくちゃね」という責任感とやり甲斐も生まれることでしょう。低学年もまた、高学年が読んでくれる姿に憧れを抱き、指導員が読み聞かせるのとは別の感想をもってくれます。1冊の絵本を読み終えるのに長くはかかりません。少しの時間がかけがえのない時間に。絵本のある生活を学童保育にたっぷりと広げたいですね。

おわりに
指導員トーク

A　いやぁ、この本づくりには時間をかけたねぇ。

B　原稿にとりかかる前に、指導員が何に困っているのか話しあいの時間をたっぷりとったし。

C　学童保育では"あそび"が重要なテーマだけにね。

D　「指導員は子どもとあそんではいけない」という学童保育もあると聞いてビックリ。「それってどういうこと？」という問題意識がこの本づくりの始まりだった。

E　あそばないだけじゃなく"あそべない"指導員もいるんだ。子どもたちを前にしてどのように声をかけていいのか戸惑っている指導員が。

F　それって、僕のことですね。

B　学童保育で指導員たちは、あそびのどんな場面でつまずき、戸惑っているのか。そこに寄り添って構成内容を練った。子どもに誘われるままあそびに参加してはみたものの、楽しい気持ちを高め子どもとの関係を深めるにはどうしたらいいのか。そこで苦しんでいる指導員って多いのよね。

D　まず、指導員があそびを楽しめることが大事！　この本ではそこを強調したかった。

A　あそびに悩む指導員に視点を合わせた上で、「それを言っちゃあおしまいよ」的な発想に陥りがちな人も具体的に思い起こしながら事例紹介を考えた。

A　この本でもう一つ僕たちがこだわったのは、"子どもの気持ち""子どもの世界"をどう理解するかだった。

F　僕、その"子どもの世界を理解する"のがわからなくて……。子どもは好きなんですよ。

B　"子どもが好き"と"子どもを理解する"のは違うよ。

C　あそびの輪に入らない子。ルール破りをする子。自分が中心にならないとあそびを壊しにかかる子。学童保育ではそんな子どもたちと日々向きあっているわけだけど、そういう子どもたちにどう安心感を育み、あそび仲間の世界に誘っていくのか。それもこの本の中で考えたよね。

A　子どもの世界を理解する上で、特に大事なのは"子ども心"への共感だ。

B　子ども心とは何だろうと考えたとき、自分の子ども時代の記憶や感覚を思い起こしてみるのは大事だね。子どもたちがもっている楽しいこと、おもしろいこと、寂しいこと、不安なこともいっぱい出てきたわ。

C　学童保育の日常生活の中にあるあそび、そこでの指導員の役割や関わりをていねいに見てきたなぁ。

D　あそびを入口にした"指導員の本"だ。

F　僕、指導員の仲間にこの本を薦めます！

B　まずはF君が読んでみてね!!

【編著者】
学童保育あそび隊（がくどうほいくあそびたい）

執筆●——
伊藤真美子（いとう　まみこ）
宮川　浩（みやがわ　ひろし）
福　武利（ふく　たけとし）
越智ゆかり（おち　ゆかり）
柴田聡子（しばた　さとこ）
泊　唯男（とまり　ただお）

イラスト●桜木恵美
DTP●渡辺美知子デザイン室

学童保育 指導員の仕事 あそびのハンドブック

2015年11月25日　第1刷発行
2018年 3月12日　第2刷発行

編著者●学童保育あそび隊Ⓒ
発行人●新沼光太郎
発行所●株式会社いかだ社
〒102-0072　東京都千代田区飯田橋2-4-10　加島ビル
Tel.03-3234-5365　Fax.03-3234-5308
E-mail　info@ikadasha.jp
ホームページURL　http://www.ikadasha.jp/
振替・00130-2-572993

印刷・製本　モリモト印刷株式会社
乱丁・落丁の場合はお取り換えいたします。
ISBN978-4-87051-453-9
本書の内容を権利者の承諾なく、営利目的で転載・複写・複製することを禁じます。